Abdelhamid Maali

Nanoréhologie d'un liquide par microscopie de force dynamique

Abdelhamid Maali

Nanoréhologie d'un liquide par microscopie de force dynamique

Presses Académiques Francophones

Impressum / Mentions légales

Bibliografische Information der Deutschen Nationalbibliothek: Die Deutsche Nationalbibliothek verzeichnet diese Publikation in der Deutschen Nationalbibliografie; detaillierte bibliografische Daten sind im Internet über http://dnb.d-nb.de abrufbar.
Alle in diesem Buch genannten Marken und Produktnamen unterliegen warenzeichen-, marken- oder patentrechtlichem Schutz bzw. sind Warenzeichen oder eingetragene Warenzeichen der jeweiligen Inhaber. Die Wiedergabe von Marken, Produktnamen, Gebrauchsnamen, Handelsnamen, Warenbezeichnungen u.s.w. in diesem Werk berechtigt auch ohne besondere Kennzeichnung nicht zu der Annahme, dass solche Namen im Sinne der Warenzeichen- und Markenschutzgesetzgebung als frei zu betrachten wären und daher von jedermann benutzt werden dürften.

Information bibliographique publiée par la Deutsche Nationalbibliothek: La Deutsche Nationalbibliothek inscrit cette publication à la Deutsche Nationalbibliografie; des données bibliographiques détaillées sont disponibles sur internet à l'adresse http://dnb.d-nb.de.
Toutes marques et noms de produits mentionnés dans ce livre demeurent sous la protection des marques, des marques déposées et des brevets, et sont des marques ou des marques déposées de leurs détenteurs respectifs. L'utilisation des marques, noms de produits, noms communs, noms commerciaux, descriptions de produits, etc, même sans qu'ils soient mentionnés de façon particulière dans ce livre ne signifie en aucune façon que ces noms peuvent être utilisés sans restriction à l'égard de la législation pour la protection des marques et des marques déposées et pourraient donc être utilisés par quiconque.

Coverbild / Photo de couverture: www.ingimage.com

Verlag / Editeur:
Presses Académiques Francophones
ist ein Imprint der / est une marque déposée de
OmniScriptum GmbH & Co. KG
Heinrich-Böcking-Str. 6-8, 66121 Saarbrücken, Deutschland / Allemagne
Email: info@presses-academiques.com

Herstellung: siehe letzte Seite /
Impression: voir la dernière page
ISBN: 978-3-8416-2932-6

Sommaire

Chapitre 1

Introduction

La microscopie à force atomique (AFM) fut mise au point par Binnig en 1985, juste après l'élaboration par le même auteur du microscope à effet tunnel. Cette élaboration combla les lacunes importantes de la microscopie à effet tunnel de ne pouvoir uniquement faire des mesures que sur des matériaux conducteurs. Peu de temps après ces publications, de nombreux auteurs ont montré l'intérêt que pouvait avoir cet instrument comme sonde locale pour différents systèmes même en milieu liquide.

Dans ce manuscrit nous allons présenter une étude du microscope de force atomique en milieu liquide et son application à l'étude de la rhéologie d'un liquide newtonien (liquide simple).

Nous commencerons par étudier le mouvement du levier AFM en milieu liquide. Nous montrerons que la forte viscosité de l'eau par rapport à celle de l'air, entraîne que la force hydrodynamique visqueuse qui s'oppose au mouvement du levier induit une dissipation plus importante dans l'eau que dans l'air et donc une résonance plus large. Le déplacement de la résonance est dû à la masse ajoutée du liquide qui se déplace pendant les oscillations du levier. Un amortissement supplémentaire apparaît lorsque le levier s'approche de la surface. Il est dû au pincement du liquide entre le levier et la surface de l'échantillon. De ce pincement, résulte une force qui s'oppose au mouvement du levier et produit un élargissement supplémentaire de la résonance du levier.

Nous verrons aussi que l'AFM ne permet pas seulement de mesurer l'interaction entre la pointe et le substrat mais qu'il permet aussi de mesurer les propriétés du milieu qui se trouve confiné entre eux. Si le milieu est un fluide, ses propriétés rhéologiques peuvent être étudiées sur des échelles allant du nanomètre jusqu'à plusieurs micromètres en faisant varier le gap (distance) entre la pointe et le substrat.

Nous présenterons une étude des propriétés de structuration en couche d'un liquide simple confiné entre une pointe AFM oscillante et une surface de graphite. L'expérience consiste à faire vibrer un micro-levier avec une excitation acoustique d'amplitude de l'ordre de 0,5 à 0,9 Å. Les signaux d'amplitude et de phase mesurés présentent des oscillations dont la période n'est autre que le diamètre de la molécule du liquide confiné. Nos mesures permettent d'accéder aux interactions conservatives et dissipatives. Nous montrons que l'énergie dissipée présente également une structuration, indiquant par la même que nous accédons aux variations des propriétés rhéologiques du liquide en fonction de son organisation.

Ensuite présenterons l'étude de l'écoulement de l'eau et de l'air au voisinage des surfaces solides en utilisant un AFM dynamique. En effet, une notion importante en hydrodynamique est la condition de non glissement pour l'écoulement d'un fluide proche d'une surface solide : on suppose que les molécules du fluide "collent" à la surface solide et que la vitesse du fluide sur la paroi est égale à la vitesse de la surface. Cependant, cette condition n'est pas toujours valable, comme l'ont montré des développements expérimentaux récents. Nous allons exposer notre méthode de mesure et les différentes valeurs de longueurs de glissement extraites de nos données expérimentales pour l'eau et l'air sur différentes surfaces. Les mesures expérimentales de glissement de l'eau ont été effectuées sur des surfaces mouillantes, partiellement mouillantes et complètement non mouillantes. Notre méthode de mesure montre que nous sommes capable de mesurer des longueurs de glissement de l'eau aussi faibles que 8 nm. Pour l'air les mesures ont été effectuées entre deux surfaces de verre à température ambiante et à pression atmosphérique. Contrairement à ce qui est reporté jusqu'a présent sur l'étude de l'écoulement des gaz confinés, notre expérience permet de faire varier la valeur de Knudsen de façon continue de 0.01 à 10 et de mesurer la longueur de glissement de l'air avec une bonne précisions.

Chapitre 2

AFM dynamique en milieu liquide : Amortissement hydrodynamique des leviers

2.1 Introduction

Le microscope de force atomique (AFM) est une sonde très sensible [1, 9]. Il est largement utilisé pour mesurer les propriétés mécaniques et les structures des matériaux à l'échelle nanométrique. La topographie et les propriétés des surfaces de matériaux organiques et inorganiques ont été obtenues avec une grande résolution sous vide [4], à l'air et en liquide[3] [5].

Le contraste de l'image provient du fait que l'interaction de la pointe avec l'échantillon dépend de la distance pointe-échantillon et aussi des propriétés de l'échantillon.

Avec l'AFM on peut aussi faire des mesures en un point donné de l'échantillon de l'interaction entre la pointe et la surface en fonction de leur séparation. Ces mesures sont appelées communément mesures de forces « Force measurements »[7, 9]. En mode contact la pointe s'approche du substrat dans la direction normale et on mesure la déflection du levier en fonction de la séparation pointe-substrat. En mode dynamique on fait vibrer la pointe pendant l'approche du substrat et on mesure soit l'amplitude et la phase de la pointe en mode modulation d'amplitude (AM-AFM) [7, 8], soit le déplacement de fréquence et la dissipation en mode modulation de fréquence (FM-AFM)[9].

L'AFM ne permet pas seulement de mesurer l'interaction entre la pointe et le substrat mais il permet aussi de mesurer les propriétés du milieu qui se trouve confiné entre eux. Si le milieu est un fluide, ces propriétés rhéologiques peuvent être étudiées sur des échelles allant du nanomètre jusqu'à plusieurs micromètres en faisant varier le gap entre la pointe et le substrat

[8].

2.2 Le levier : de la poutre à l'oscillateur harmonique

En microscopie de force atomique pour décrire la vibration de la pointe à proximité d'une surface, on ramène son comportement à celui d'un oscillateur harmonique qui vibre à la même fréquence et dont le comportement tient compte de l'interaction avec la surface. Dans cette partie nous allons calculer la fréquence de l'oscillateur équivalent en fonction des caractéristiques du levier (dimension, densité, module d'Young).

Le système est une poutre encastrée à une extrémité et dont l'autre extrémité est libre est munie d'une pointe (voir figure 2.1).

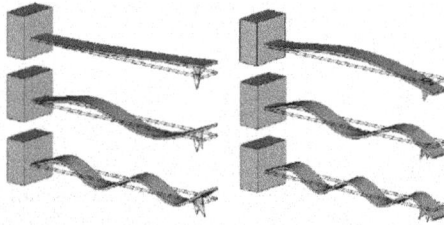

Figure 2.1: Les six premiers modes propres d'oscillation d'une poutre encastrée à une extrémité et libre à une autre.

Pour de faibles amplitudes de vibrations du levier, c'est-à-dire un déplacement de son extrémité libre (sa fléche) petite par rapport à sa longueur, l'équation du mouvement transverse du levier (en négligeant l'amortissement) est donné par :

$$EI\frac{\partial^4 \chi(x,t)}{\partial x^4} + \rho we\frac{\partial^2 \chi(x,t)}{\partial t^2} = 0 \qquad (2.1)$$

où $\chi(x,t)$ est la déformation transverse de la poutre, E est le module d'Young, I moment d'inertie, w largeur du levier et e son épaisseur. La solution de cette équation est de la forme $\chi(x,t) = \varphi(x)z(t)$, ce qui conduit à :

6

$$\frac{\partial^2 z(t)}{\partial t^2} + \omega^2 z(t) = 0 \tag{2.2}$$

$$\frac{\partial^4 \varphi(x)}{\partial x^4} + \frac{\omega^2 \rho w e}{EI} \varphi(x) = 0 \tag{2.3}$$

La première équation est celle de l'oscillateur harmonique non amorti $z(t) = A\cos(\omega t + \phi)$. La seconde équation donne les modes propres d'oscillations en prenant pour conditions aux limites, poutre encastrée d'un côté ($\varphi(x = 0) = 0$, $\frac{\partial \varphi(x=0)}{\partial x} = 0$) et libre de l'autre ($\frac{\partial^2 \varphi(x=l)}{\partial x^2} = 0$, $\frac{\partial^3 \varphi(x=l)}{\partial x^3} = 0$).

On obtient:

$$\varphi_i(x) = \cos(\frac{\alpha_i x}{l}) - \cosh(\frac{\alpha_i x}{l}) - \frac{\cos\alpha_i + \cosh\alpha_i}{\sin\alpha_i + \sinh\alpha_i}(\sin(\frac{\alpha_i x}{l}) - \sinh(\frac{\alpha_i x}{l})) \tag{2.4}$$

$$\omega_i = \frac{\alpha_i^2}{l^2}\sqrt{\frac{EI}{\rho w e}} \tag{2.5}$$

où les valeurs α_i sont déterminées par la relation suivante : $1 + \cos\alpha_i \cosh\alpha_i = 0$. Les premières valeurs numériques de α_i sont 1.875.., 4.694.., 7.854...Pour les modes supérieurs $i \geq 2$ on a l'approximation $\alpha_i \simeq (i - \frac{1}{2})\pi$.

Pour identifier les modes propres du levier soit on applique une force externe (acoustique ou magnétique) soit on se sert du mouvement Brownien du levier induit par l'énergie thermique à température ambiante. L'avantage de cette dernière excitation c'est qu'on peut la considérer comme une excitation blanche (c'est-à-dire qui ne dépend pas de la fréquence) comparée à l'excitation acoustique qui peut dépendre de la fonction de transfert du dispositif d'excitation.

La figure 2.2 montre le spectre d'un levier à l'air obtenu en mesurant la densité spectrale du bruit thermique du levier (la longueur, la largeur et l'épaisseur du levier sont respectivement $l = 529.6 \mu m$, $w = 47.2 \mu m$, $e = 1.17 \mu m$). La mesure a été faite avec une détection synchrone (Signal recovery Model 7280) fonctionnant en mode bruit. Notons que les contributions des autres sources de bruits sont négligeables ce qui nous permet d'identifier les huit premiers modes du levier.

2.3 Amortissement hydrodynamique des leviers

Il est bien connu que les performances de l'AFM dynamique en milieu liquide sont moins bonnes que celles sous vide ou à l'air. Cela est dû au fait que la viscosité de l'eau fait chuter

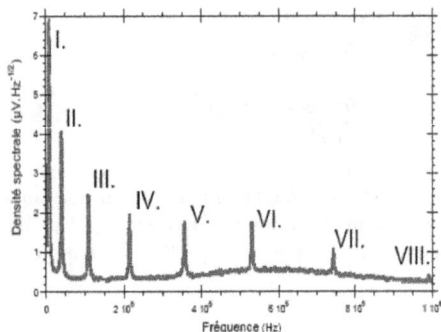

Figure 2.2: Densité spectrale de bruit thermique obtenue à l'air pour un levier de longueur $l = 529.6\mu m$, de largeur $w = 47.2\mu m$ et d'épaisseur $e = 1.17\mu m$. Les fréquences $\frac{\omega_i}{2\pi}$ (en kHz) et les facteurs de qualité Q_i sont du premier au huitième mode, 6.23 (Q=16), 38.57 (Q=53.4), 108.11 (Q=99.2), 213.05 (Q=154.3), 353.47 (Q=219.8), 529.52 (Q=307.9), 741.33 (Q= 424.1) et 988.83 (Q= 455.2).

le facteur de qualité de quatre ordres de grandeur par rapport au vide secondaire et deux ordres de grandeur par rapport à l'air [10]. L'oscillateur AFM devient sur amorti et perd la sensibilité requise pour imager ou étudier la dynamique d'une protéine isolée dans un milieu aqueux.

Pour comprendre l'origine de cet amortissement (chute du facteur de qualité dans un fluide visqueux) nous avons entrepris une étude à la fois expérimentale et théorique sur une grande variété de leviers. La figure 2.3 représente la géométrie d'un levier AFM (longueur $l = 100\mu m$, largeur $w = 20\mu m$ et épaisseur $e = 0.8\mu m$) et le spectre correspondant à la vibration du premier mode d'un levier mesuré par la méthode de bruit thermique dans deux environnements différents (air, eau). A l'air la résonance est fine avec un facteur de qualité $Q \approx 300$, en revanche dans l'eau la résonance est plus large ($Q \approx 3$) et est déplacée vers les basses fréquences [10]. La forte viscosité de l'eau par rapport à celle de l'air fait que la force hydrodynamique visqueuse qui s'oppose au mouvement du levier induit une dissipation plus importante dans l'eau que dans l'air et donc une résonance plus large. Le déplacement de la résonance est dû à la masse ajoutée du liquide qui se déplace en phase pendant les oscillations du levier [10, 11].

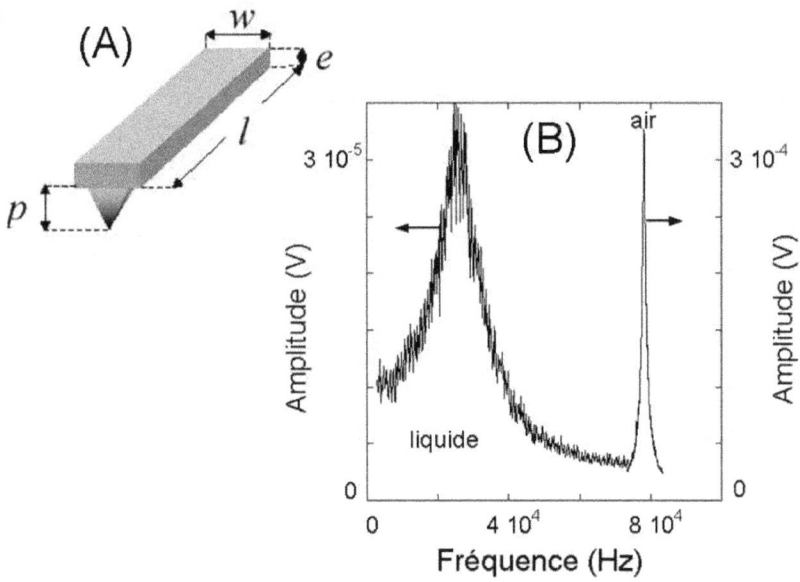

Figure 2.3: droite : spectre de résonance d'un levier à l'air en rouge, et dans l'eau en bleu. Noter un déplacement vers les basses fréquences de la résonance dans l'eau et aussi un élargissement dû à la forte dissipation induite par la viscosité de l'eau.

Une approche pragmatique du calcul des forces hydrodynamiques consiste à utiliser les solutions de problèmes analytiquement solubles en mécanique des fluides et de leur ajouter des fonctions de correction pour tenir compte des géometries complexes des leviers d'un point de vue hydrodynamique. Pour un levier de forme cylindrique très long et vibrant en bloc perpendiculairement à son axe dans un fluide visqueux, la solution analytique a été proposée par Rosenhead. Pour les leviers utilsées en AFM qui ont une géométrie rectangulaire, en 1998 Sader a proposé une expression qui est similaire à la solution de Rosenhead mais corrigée par des fonctions qui tiennent compte de la géométrie réelle du levier dont la section est rectangulaire. La force hydrodynamique calculée s'écrit sous la forme :

$$F = j\omega\frac{\pi}{4}\rho_{fluid}w^2L\Gamma(\beta)V_0e^{-j\omega t} \qquad (2.6)$$

$$\Gamma_{rect}(\beta) = \Gamma'_{rect}(\beta) + j\Gamma''_{rect}(\beta) = \Gamma_{cyl}(\beta)\left[\Omega'(\beta) + j\Omega''(\beta)\right] \qquad (2.7)$$

où $\Omega(\beta)$, est une fonction correctrice qui permet d'exprimer la fonction hydrodynamique du parallélépipéde $\Gamma_{rect}(\beta)$[1] en fonction de celle d'un cylindre $\Gamma_{cyl}(\beta)$. Les fonctions hydrodynamiques dépendent de la largeur du levier, de la fréquence de vibration et des propriétés du fluide par l'intermédiaire du paramètre β :

$$\beta = \frac{\rho_{fluid}\omega w^2}{4\eta_{fluid}} = \frac{w^2}{2\delta^2} \qquad (2.8)$$

avec

$$\delta = \sqrt{\frac{2\eta_{fluid}}{\rho_{fluid}\omega}} \qquad (2.9)$$

où δ est la longuer caractéristique d'amortissement des ondes de cisaillement dans un fluide et qui est équivalent à l'épaisseur de peau pour une onde électromagnetique dans un materiau métallique. Les valeurs de δ sont de l'ordre du micromètre pour les fréquences utilisées en AFM (1 kHz à 1 MHz).

La partie réelle de la force hydrodynamique alourdit le levier par la masse hydrodynamique ajoutée, tandis que la partie imaginaire introduit un terme dissipatif. La masse ajoutée du fluide et la dissipation pour un levier rectangulaire peuvent s'écrire sous forme :

---

[1]Pour des valeur de $\beta = \frac{w^2}{2\delta^2}$ variant entre 1 et 1000, les éxpressions de $\Gamma'_{rect}(\beta)$ et $\Gamma''_{rect}(\beta)$ peuvent s'écrire sous forme des développements en series:
$\Gamma'_{rect}(\beta) = c_1 + c_2\frac{\delta}{w}$
$\Gamma''_{rect}(\beta) = a_3\frac{\delta}{w} + a_4\frac{\delta^2}{w^2}$,avec $\delta = \sqrt{\frac{2\eta_{fluid}}{\rho_{fluid}\omega}}$. avec $c_1 = 1.0553$, $c_2 = 3.7997$, $c_3 = 3.8018$ et $c_4 = 2.7364$

10

$$m_{added} = \frac{\pi}{4}\rho_{fluid}w^2 l\Gamma'_{rect}(\beta) \tag{2.10a}$$

$$\gamma_{diss} = \omega\frac{\pi}{4}\rho_{fluid}w^2 l\Gamma''_{rect}(\beta) \tag{2.10b}$$

Afin de tester ce modèle Nous avons mesuré le spectre de vibration dans l'eau du levier présenté sur la figure1A. le spectre mesuré est présenté sur la figure2.4.

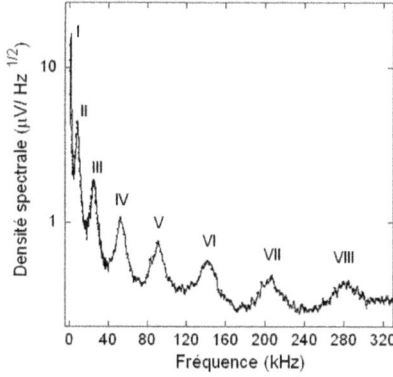

Figure 2.4: Densité spectrale de bruit thermique obtenue à l'air pour un levier de longueur $l = 529.6\mu m$, de largeur $w = 47.2\mu m$ et d'épaisseur $e = 1.17\mu m$. Les fréquences (en KHz) et les facteurs de qualité Q sont du premier au huitième mode, 1.08 (Q=1.5), 8.34 (Q=3.0), 25.16 (Q=5.1), 52. 87 (Q= 7.5), 91.02 (Q=9.6), 141.65 (Q= 11.8), 204,89 (Q= 14.8) et 283.83 (Q=21.4).

Les résonances de la densité spectrale ont été modélisées par un ensemble d'oscillateurs harmoniques vibrant aux fréquences propres de la poutre :

$$G(\omega) = \sum_{i=0}^{8} \frac{G_i}{\sqrt{(1 - \frac{\omega^2}{\omega_i^2})^2 + \frac{1}{Q_i^2}(\frac{\omega}{\omega_i})^2}} \tag{2.11}$$

Où G_i est le coefficient du bruit thermique du mode i. Dans notre cas, puisque nous nous intéressons seulement à la détermination du facteur de qualité Q_i et de la fréquence de résonance ω_i du mode i, les coefficients G_i sont pris comme constantes arbitraires ajustables.

11

Connaissant les dimensions du levier et les fréquences ω_i ainsi que les facteurs de qualité Q_i à l'air et dans l'eau il est alors possible d'extraire la masse ajoutée et la dissipation dans l'eau :

$$m_{addedwater} = m_{cantilver}[(\frac{\omega_{air}}{\omega_{water}})^2 - 1] \tag{2.12a}$$

$$\gamma_{air} = \frac{m_{cantilver}\omega_{air}}{Q_{air}} \tag{2.12b}$$

$$\gamma_{water} = \frac{(m_{cantilver} + m_{addedwater})\omega_{water}}{Q_{water}} \tag{2.12c}$$

où $m_{cantilver} = \rho_{lever}lwe$ est la masse du levier.

La dissipation en fonction du numéro du mode i est présentée sur la figure 2.5

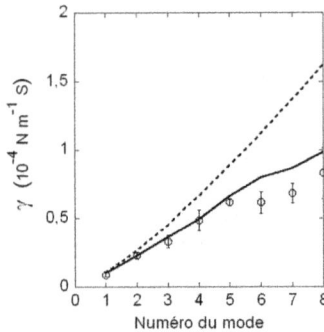

Figure 2.5: Comparaison des résultats expérimentaux de la dissipation en fonction du numero de mode (cercles vides), et des prédictions theoriques en utilsant le modèle de Sader 4.38 (trait discontinu). Le trait continu est une solution numérique des équations de Navier-Stokes en prenant en compte l'écoulement longitudinal le long du levier.

La comparaison des résultats expérimentaux de la dissipation en fonction du numéro de mode et des prédictions théoriques en utilisant le model de Sader 4.38 est montrée sur la figure 2.5. Notons que le modèle de Sader prédit des valeurs d'amortissement plus grandes que celles mesurées. Cet écart est dû au fait que le modèle de Sader suppose que le levier est infiniment long et qu'il vibre en bloc perpendiculairement à son axe, or pour des modes supérieurs le levier présente une déformation longitudinale qui dépend du numéro du mode. L'écoulement du liquide pour ces modes supérieurs n'est pas un écoulement à deux dimensions. Le trait continu est une solution numérique des équations de Navier-Stokes prenant en compte l'écoulement longitudinal le long du levier.

2.4 Amortissement hydrodynamique d'un levier proche d'une surface solide

Un amortissement supplémentaire apparaît lorsque le levier s'approche de la surface. Il est dû au pincement du liquide entre le levier et la surface de l'échantillon étudié [12, 17]. De ce pincement, résulte une force qui s'oppose au mouvement du levier et produit un élargissement supplémentaire de la résonance du levier. La figure 2.6 montre le spectre du bruit thermique d'un levier dans l'eau pour différentes distances D par rapport à une surface de mica. Au fur et à mesure que la distance D est réduite le spectre devient de plus en plus large [17]. Les pics des spectres de la figure 2.6 sont ajustés avec la courbe de l'amplitude d'un simple oscillateur harmonique (traits continus sur la figure 2.6).

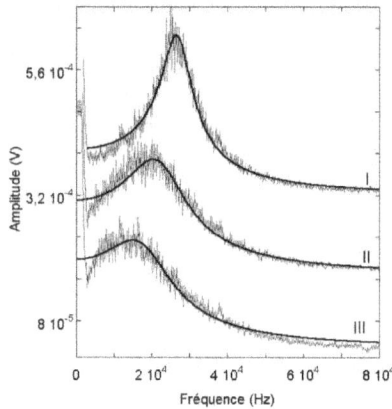

Figure 2.6: Mesures expérimentales de la résonance d'un levier dans l'eau à différentes distances D dune surface de mica. Les spectres sont décalés verticalement pour plus de clarté. Les traits continus corespondent à un fit Lorentzien. Pour chaque distance D les valeurs de la fréquence de résonance f0 et du facteur de qualité Q extraits en utilisant la courbe d'ajustement sont indiquées. Courbe I (D=41.6 μm, f_0=27.134kHz, Q=3.45) ; Courbe II (D=1.2 μm, f_0=23.506kHz, Q=1.4) ; Courbe III (D=0.025μm, f_0=19.967kHz, Q=1.09).

Pour chaque séparation D, les valeurs du facteur de qualité et de la fréquence de résonance extraites à partir des courbes d'ajustement, sont utilisées pour calculer la masse ajoutée et le coefficient de dissipation du levier en utilisant les expressions 2.12.

La dissipation en fonction de la distance D est montrée sur la figure 2.7. Dans le cas où la largeur du levier est très petite par rapport à la longueur du levier ($w << l$) mais beaucoup plus grande que la distance D entre le levier et la surface ($w >> D$), Vinogradova et al. [13] ont utilisé l'approximation de lubrification pour obtenir une expression analytique de la dépendance de la force hydrodynamique due au pincement du liquide : $F_S(D) = \gamma_S(D)V$, $\gamma_S(D)$ est la dissipation hydrodynamique due au pincement du liquide à une distance D du substrat, V est la vitesse du levier AFM :

$$\gamma_S(D) = \frac{\eta l}{2}(\frac{w}{D})^3 g^*$$ (2.13a)

$$g^* = \beta(1 - \frac{3\beta}{2} + 3\beta^2 - 3\beta^3 \ln(1 + \frac{1}{\beta}))$$ (2.13b)

où $\beta = \frac{D}{l\sin\alpha}$. η est la viscosité du liquide et α est l'angle d'inclinaison du levier par rapport à la surface. Notons que la force de pincement n'est ni concentrée en un point ni distribuée uniformément le long de tout le levier. La dissipation totale est la somme de la dissipation en volume «Bulk» et celle due au pincement du liquide : $\gamma_T(D) = \gamma_S(D) + \gamma_\infty$.

Pour le levier utilisé dans l'expérience, la dissipation « Bulk » est de $\gamma_\infty = 6.6x10^{-7}$ $Nm^{-1}s$. Sur la figure 2.7 nous avons présenté en trait continu la valeur de la dissipation totale calculée en utilisant l'expression de Vinogradova [17]. La dissipation calculée est en bon accord quantitatif avec les mesures expérimentales.

14

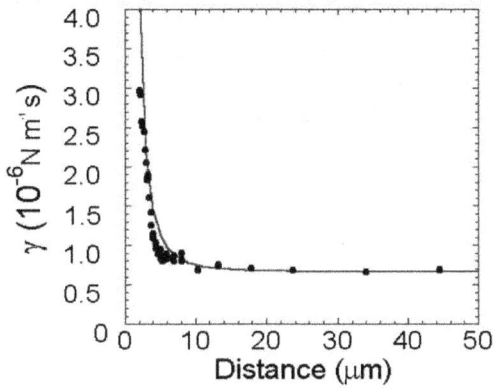

Figure 2.7: Dissipation expérimentale mesurée en fonction de la distance D entre le levier et la surface de mica . La courbe en trait continu représente la dissipation totale calculée en utilisant l'expression de Vinogradova.

Chapitre 3

Développement d'un système d'excitation acoustique et application à l'étude de la structuration en couche d'un liquide confiné

3.1 Développement d'un système d'excitation acoustique des leviers en milieu liquide

Pour exciter correctement les vibrations du levier d'un microscope de force atomique, un grand nombrede techniques d'excitation a été utilisée . Cependant, l'excitation du levier dans un environnement liquide est beaucoup moins facile qu'à l'air à cause de la force hydrodynamique qui agit sur le levier comme nous l'avons décrit dans la partie précédente.

Dans les fluides visqueux, le cantilever peut essentiellement être excité par le bruit blanc (excitation thermique) [10, 11], par un actuateur piézoélectrique [18, 20]] ou par un effet magnétique par le fait, soit d'attacher une particule magnétique au cantilever [21] soit de déposer une couche magnétique sur le cantilever [22, 23].

Jusqu'à maintenant, l'excitation magnétique est la seule qui permet d'exciter proprement un cantilever à ses fréquences de résonance dans un environnement liquide. Cependant le processus de dépôt de couche magnétique peut contaminer la pointe du levier (une augmentation du rayon de la pointe) et il nécessite des leviers très larges pour le dépôt d'un film de grand moment magnétique ce qui engendre de grandes forces hydrodynamiques dues au pincement du fluide entre le levier et la surface.

Dans la plupart des expériences d'AFM en milieu liquide, l'actuateur piézoélectrique utilisé pour exciter le levier est placé dans une cellule loin du levier (figure 3.1). Dans ce dispositif

16

l'actuateur piézoélectrique excite indirectement le levier, en passant par la cellule liquide, et il s'ensuit une multitude de faux pics de résonances liés aux résonances de la cellule liquide et non à celles du levier.

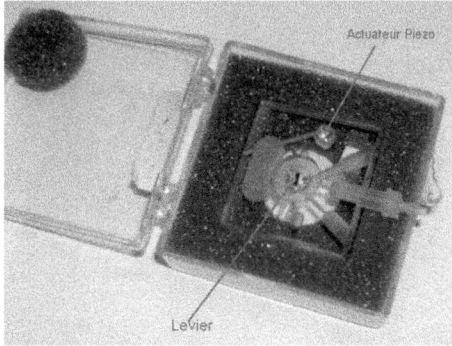

Figure 3.1: Cellule liquide commerciale pour exciter les levierz AFM en milieu liquide. Dans ce dispositif l'actuateur piézoélectrique excite indirectement le levier en passant par la cellule liquide.

La figure 3.2 montre le spectre de vibration d'un levier obtenu en utilisant l'excitation acoustique décrite précédemment, la courbe en pointillé est obtenue avec une excitation à spectre blanc (spectre de bruit thermique) [24]. Notez ici la présence de pics fins sur la figure 3.2 que l'on attribue aux différentes résonances acoustiques du dispositif d'excitation (cellule liquide). Les fréquences des pics sont caractéristiques de la cellule liquide, elles ne dépendent pas du type de leviers, leurs amplitudes dépendent par contre du type de leviers et de sa fixation dans la cellule.

Nous avons procédé à une modification du système commercial (MMMC, Veeco instruments) utilisé habituellement pour exciter les vibrations du levier dans l'air et sous vide.

Dans ce système l'actuateur piézoélectrique est très proche du cantilever. Le système commercial est sculpté au-dessus du piezo-élément [24]pour pouvoir insérer une lame de microscope couvre-objet ($12 \times 12mm$ et $1mm$ d'épaisseur).

La goutte liquide ($200 \ \mu l$) est alors confinée entre la lame de verre et la surface du substrat (Figue 3.3). Un film de Téflon est évaporé sur les fils électriques et l'actuateur piézoélectrique pour les isoler des solutions aqueuses conductrices. Pour éviter la diffusion et la réflexion de

17

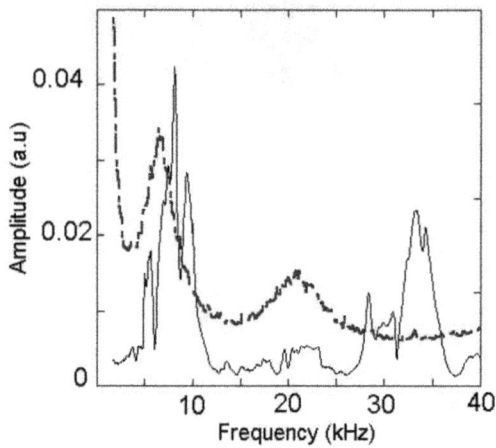

Figure 3.2: Comparaison entre le spectre d'excitation acoustique d'un levier (L=450μm) obtenue en utilisant une cellule liquide commerciale (trait en continu) et le spectre de bruit thermique (trait en pointillé).

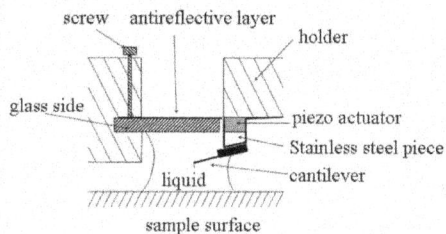

Figure 3.3: Schéma de la modification du système commercial : Le système commercial est sculpté au-dessus du piezo-élément pour pouvoir insérer une lame de microscope couvre-objet ($1mm$ d'épaisseur et de dimension $12 \times 12mm$). Pour éviter la diffusion et la réflexion de la lumière laser sur la lame de verre, cette dernière est traitée anti-reflet pour la longueur d'onde $640nm$.

la lumière laser sur la lame de verre et qui peut être une source de bruit supplémentaire, la lame de verre est traitée anti-reflet pour la longueur d'onde 640 nm.

Le spectre d'excitation obtenu en utilisant le dispositif modifié est montré dans la figure 3.4.

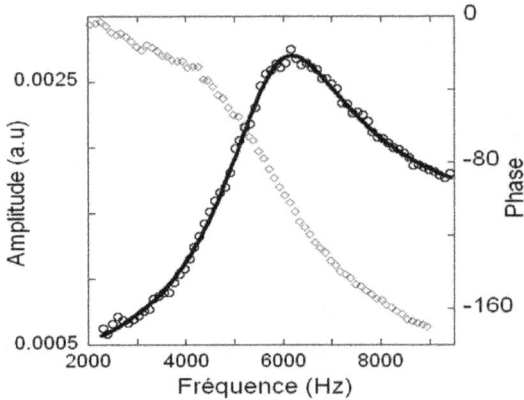

Figure 3.4: Le spectre d'excitation obtenu en utilisant notre dispositif. L'amplitude et la phase sont représentées respectivement par des cercles vides et des losanges vides. Le trait continu est une courbe d'ajustement de l'amplitude en réduisant le mouvement du levier à celui d'un oscillateur excité par le déplacement de la base.

On voit bien qu'avec notre système d'excitation, la résonance mécanique du levier est bien identifiée soit en amplitude soit en phase. Le trait continu représente un fit de l'amplitude en utilisant un modèle très simplifié où le mouvement du levier est réduit à celui d'une masse accrochée à un ressort dont les vibrations sont induites par le déplacement de la base [25].

3.2   Application de la microscopie de force atomique à l'étude de la structuration en couche d'un liquide confiné

Les propriétés physiques d'un matériau à l'échelle nanométrique peuvent être complètement différentes de celles du « bulk » [33]. Un exemple est fourni par un liquide à l'interface d'un solide, où le liquide, par le biais de l'interaction avec la surface solide, acquiert un ordre. De plus, lorsqu'on confine un liquide entre deux parois à des épaisseurs moléculaires, le liquide se structure et présente une densité qui oscille en fonction de la distance entre les parois. Cette structuration donne naissance à une force qui est connue sous le nom de force de solvatation[26, 53]. Le profil de la force de solvatation est oscillatoire avec une décroissance exponentielle [33].

Nous avons étudié, dans notre groupe, les propriétés de structuration d'un liquide confiné entre une pointe oscillante d'un microscope de force (rayon $\approx 10nm$) et une surface de graphite [53]. L'expérience consiste à faire vibrer un micro-levier avec l'excitation acoustique développée et présentée dans la section précédente . L'amplitude des oscillations du levier est de l'ordre de $0, 5$ à $0, 9$ Å, doit rester petite devant la taille des molécules [53]. L'amplitude et la phase des vibrations de la pointe mesurées en fonction de la distance séparant la pointe et la surface de graphite présentent des oscillations dont la période est le diamètre de la molécule du liquide confiné (voir figure 3.5B).

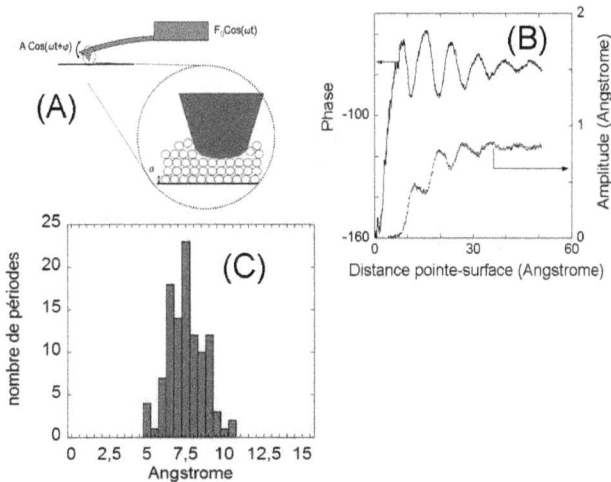

Figure 3.5: (A) Schéma présentant la pointe confinant le liquide. Le levier est excité avec des amplitudes de vibration faibles et on mesure simultanément les variations de l'amplitude et de la phase à différentes distances pointe-surface (B). Notons que l'amplitude et la phase présentent des oscillations dont la période n'est autre que le diamètre de la molécule du liquide confiné (le diamètre de la molécule du liquide confinée dans cette expérience est de 7.8 Angstrom). (C) L'histogramme des périodes d'oscillation déduit à partir de 20 courbes (amplitude et phase).

A partir des mesures de l'amplitude et de la phase, on en déduit les valeurs de la composante élastique (raideur de l'interaction) et dissipative (dissipation) de l'interaction entre le liquide confiné et la pointe du levier (figure 3.6).

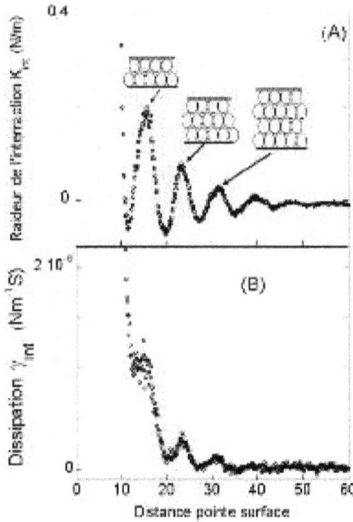

Figure 3.6: Raideur effective (A) et dissipation (B) mesurées pour un liquide confiné entre la pointe d'un micro-levier et une surface de solide en fonction de la distance pointe surface.

Notons ici que les deux grandeurs qui caractérisent le liquide confiné, c'est-à-dire la raideur et la dissipation, présentent une modulation en fonction de la distance pointe surface. Pour de grandes distances la raideur et la dissipation sont négligeables ; ensuite elles varient au fur et à mesure que la pointe s'approche de la surface. Pour des distances égales à un multiple de la taille de la molécule, la dissipation est grande et la raideur est positive car le liquide est plus dense.

En fonction de la distance pointe-surface, on peut associer au liquide confiné une viscosité effective $\eta(D)$ donnée par l'expression: $\eta(D) = \frac{\gamma_{int}D}{6\pi R^2}$ [53]. La viscosité effective déduite à partir du signal de dissipation (montrée sur la figure 3.6B).

Nos mesures permettent d'accéder aux interactions conservatives et dissipatives. Nous montrons, pour la 1ère fois, que l'énergie dissipée présente également une structuration, indi-

22

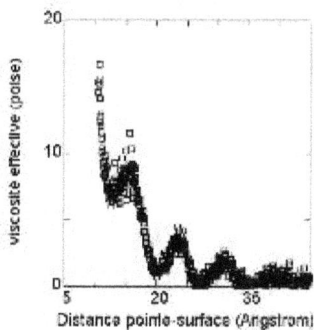

Figure 3.7: Viscosité effective du liquide en fonction de la distance pointe-surface.

quant par la même que nous accédons aux variations des propriétés rhéologiques du liquide en fonction de son organisation.

Nous poursuivrons l'étude de la structuration des liquides confinés entre la pointe du levier et une surface solide. Ce travail sera étendu à l'étude de l'eau et en particulier à sa réponse à un cisaillement (en faisant vibrer la surface latéralement). Nous examinerons aussi l'influence des conditions de mouillage sur l'apparition de la structuration afin de vérifier si les conditions aux bords, tel le glissement du liquide sur la surface, sont compatibles avec la structuration.

Chapitre 4

Glissement d'un fluide proche d'une paroi solide

4.1 Introduction

L'étude à l'échelle nanométrique des propriétés hydrodynamiques d'un liquide au voisinage d'une interface solide présente un grand intérêt, en particulier pour des écoulements en géométrie confinée dans des milieux poreux, des dispositifs microfluidiques ou des systèmes biologiques. En hydrodynamique, on postule généralement une condition aux limites de non glissement à une paroi solide : la vitesse du fluide à l'interface est égale à celle de la paroi. Ce postulat est très bien vérifié à l'échelle macroscopique, mais pas nécessairement à l'échelle microscopique. En effet, de nombreux travaux ont mis en évidence qu'il existe, dans certaines conditions, un phénomène de glissement pour un liquide simple près d'une paroi. La condition aux limites hydrodynamiques, liée au transport de la quantité de mouvement à l'interface, est habituellement caractérisée par une longueur b, appelée longueur de glissement [55, 59]. Cette longueur relie la vitesse de glissement à l'interface V_S au gradient de vitesse du fluide à l'interface : $V_S = b\frac{\partial V}{\partial z}$. La condition aux limites dépend fortement de l'interaction solide-liquide. Des travaux théoriques et numériques[60] montrent que dans le cas de liquides mouillant des surfaces (surface hydrophile) lisses à l'échelle atomique, il n'y a pas de glissement. Par contre, des longueurs de glissement de l'ordre d'une dizaine de tailles moléculaires, ont été prédites dans le cas non mouillant (hydrophobe) [60].

De nombreuses investigations expérimentales ont également porté sur ce sujet au cours des dernières années. Il est maintenant possible de manipuler et de contrôler des systèmes à l'échelle du nanomètre, en particulier grâce aux développements récents des machines à forces de surface et de la microscopie de force atomique. On peut ainsi tenter de comprendre de façon précise l'influence des propriétés du liquide près des interfaces dans l'écoulement du fluide [61, 63] [71, 79]. Plusieurs expériences récentes montrent un glissement des liquides newtoniens près des surfaces solides suggérant que ce glissement n'est pas un artefact de mesure. Différentes interprétations ont été proposées pour expliquer l'origine et la valeur de la longueur de glissement.

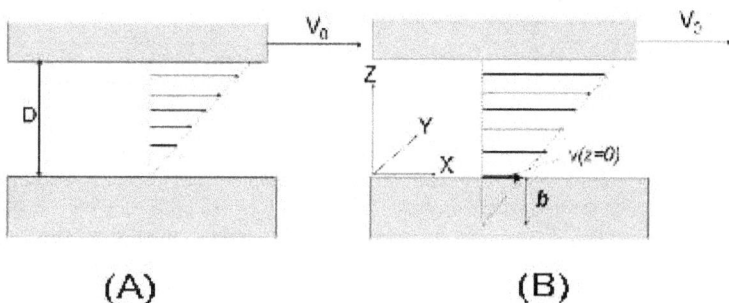

Figure 4.1: Cette figure montre le profil de vitesse du liquide d'épaisseur D qui s'écoule entre deux plaques. On impose une vitesse V_0 à la plaque supérieure et la plaque inférieure est laissée aux repos. La figure **(A)** montre le profil de vitesse dans le cas où il n'y a pas de glissement. La figure **(B)** montre le profil de vitesse dans le cas où il y a un glissement sur la plaque inférieure. Le glissement sur cette plaque est caractérisé par une longueur b qui est liée à la vitesse sur la plaque inférieure par la relation : $V(z=0) = b\frac{\partial V(Z=0)}{\partial Z}$

4.2 Force agissant sur une sphère qui s'approche d'une surface plane

Pour étudier l'écoulement d'un liquide nous avons utilisé une sphère collée à l'extrémité d'un levier de microscope de force atomique. Nous allons maintenant calculer la force qui agit sur la sphère dans le cas où la sphère est immergée dans un fluide et s'approche d'une surface solide avec une vitesse V.

Nous nous placerons dans le cadre de l'approximation de lubrification où la distance qui sépare la sphère de la surface est petite par rapport au rayon de courbure de la sphère.

L'écoulement du liquide est décrit par l'équation de Navier-Stokes et la condition d'incompressibilité rappelées précédemment [81][82].

25

$$\rho \frac{\partial \overrightarrow{v}}{\partial t} + \rho (\overrightarrow{v} \cdot \overrightarrow{\nabla}) \overrightarrow{v} = -\overrightarrow{\nabla} p + \eta \Delta \overrightarrow{v} \qquad (4.14)$$

$$\nabla . \overrightarrow{v} = 0 \qquad (4.15)$$

où $\overrightarrow{v}$ est la vitesse du liquide, ρ est la densité du liquide, η est la viscosité et p est la pression.

La solution de ces équations dépend de la géométrie du système et des conditions aux limites. Pour un écoulement quasi statique le terme dépendant du temps est négligé. Le nombre de Reynolds associé à la géométrie d'une sphère qui s'approche d'une surface plane est : $\text{Re} = \frac{\rho \overrightarrow{v}.\nabla \overrightarrow{v})}{\eta \Delta \overrightarrow{v}} = \frac{\rho v R}{\eta}$. Pour une sphère de rayon de l'ordre de 30 μm qui s'approche d'une surface plane avec une vitesse de 100 $\mu m/s$ dans un liquide comme l'eau ($\eta = 10^{-3} Pa.s$, $\rho = 1000 \ kg.m^{-3}$), $Re = 0.003 << 1$, donc le terme convectif peut être négligé.

L'équation de Navier-Stokes est alors réduite à l'équations de Stokes:

$$\overrightarrow{\nabla} p = \eta \Delta \overrightarrow{v} \qquad (4.16)$$

Pour la géométrie sphère-plan la solution peut être cherchée dans un système de coordonnées cylindriques (z, r).

Dans le cadre de l'approximation de lubrification l'épaisseur du film de liquide se trouvant entre la sphère et la surface plane est petite par rapport au rayon de la sphère.

L'épaisseur du film à une distance r de l'axe $\overrightarrow{Oz}$ est donnée par $h(r) = D + \frac{r^2}{2R}$ où D est la séparation entre le plan et le bord le plus proche de la sphère (voir Figure 4.2).

Lorsque la sphère s'approche de la surface plane le liquide confiné s'échappe par les bords latéraux ce qui fait que la vitesse radiale du liquide est très grande devant la vitesse verticale $v_r >> v_z$ (L'écoulement est à prédominance radiale avec une symétrie axiale autour de l'axe $\overrightarrow{oz}$).

Les variations radiales de la vitesse sont faibles par rapport aux variations verticales :

$\frac{\partial v_r}{\partial r} << \frac{\partial v_r}{\partial z}$ et $\frac{\partial^2 v_r}{\partial r^2} << \frac{\partial^2 v_r}{\partial z^2}$.

La projection de l'équation de Stokes selon les axes $\overrightarrow{oz}$ et $\overrightarrow{or}$ donne respectivement les équations suivantes :

Sphère

z

V

R

$h(r) \approx D+r^2/(2R)$

Surface plane

r

D

$h(r)$

r

O

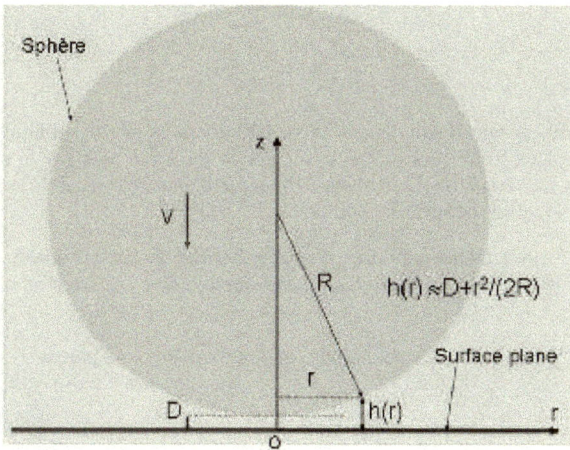

Figure 4.2: Cette figure schématise une sphère de rayon R qui s'approche d'une surface plane avec une vitesse V dans un liquide. L'écoulement est décrit dans un système de coordonnées cylindriques (z, r). Si le rayon de la sphère est très grand par rapport à D, seul un film de faible épaisseur contribue à la force qui agit sur la sphère. A une distance r de l'axe $\overrightarrow{oz}$ l'épaisseur du film confiné est donné par $h(r) = D + \frac{r^2}{2R}$.

27

$$\frac{\partial p}{\partial z} = 0 \qquad (4.17)$$

$$\frac{\partial p}{\partial r} = \eta \frac{\partial^2 v_r}{\partial z^2} \qquad (4.18)$$

Notons que la pression ne dépend que de r.

Dans ce système de coordonnées cylindriques l'équation de continuité s'écrit :

$$\frac{\partial v_z}{\partial z} = -\frac{1}{r} \frac{\partial}{\partial r}(r v_r) \qquad (4.19)$$

La solution du système d'équations 4.17 et 4.19 donne la vitesse du liquide et la pression. A partir de ces deux grandeurs on peut calculer la force qui agit sur la sphère lorsqu'elle s'approche de la surface plane. L'expression de la force dépend des conditions aux limites sur les deux surfaces (sphère et surface plane).

Tout d'abord nous allons supposer que la sphère et la surface plane sont hydrophiles c'est-à-dire que les molécules du liquide collent sur ces deux surfaces et qu'il n'y a pas de glissement.

Dans ce cas la vitesse radiale du liquide est nulle sur les deux parois :

$$v_r(z = 0) = 0 \qquad (4.20)$$

$$v_r(z = D + \frac{r^2}{2R}) = 0 \qquad (4.21)$$

Sans entrer dans les détails du calcul, à partir des expressions analytiques de la pression p et de la vitesse radiale v_r on peut calculer la force qui agit sur la sphère et qui est égale à l'intégrale de la contrainte totale sur la surface plane : $F = \int_0^\infty 2\pi r dr \left(-p + 2\eta \frac{\partial v_r}{\partial z}\right)_{z=0}$. La force obtenue est donnée par l'expression de Taylor.[1]

La force obtenue est donnée par l'expression de Taylor :

$$F = -\frac{6\pi\eta R^2}{D} V_{sphere} \qquad (4.22)$$

où D est la séparation entre la surface plane et la sphère, R est le rayon de la sphère et V_{sphere} est la vitesse avec laquelle la sphère s'approche de la surface plane.

---

[1] Cette expression est attribuée à G I Taylor, Bien que ce dernier n'a jamais publié ces résultats de calculs. Une discussion sur l'origine de cette équation est donnée dans la note 38 de l'article de R.G. Horne et al [83].

Rappelons que l'expression précédente n'est valable que dans le cadre de l'approximation de lubrification, c'est-à-dire que la distance D est très petite par rapport au rayon de la sphère. Dans le cas géneral la solution des équations de Navier-Stokes a été calculée par Brenner [84] en supposant des conditions de non glissement du liquide sur les deux surfaces. La force hydrodynamique qui agit sur une sphère de rayon R qui s'approche avec une vitesse V d'une surface solide est donnée par :

$$F = -6\pi\eta R V_{sphere}\lambda \tag{4.23}$$

avec

$$\lambda = \frac{4}{3}\sinh\alpha \sum_{n=1}^{\infty} \frac{n(n+1)}{(2n-1)(2n+3)} \left[\frac{2\sinh(2n+1)\alpha + (2n+1)\sinh 2\alpha}{4\sinh^2(n+\frac{1}{2})\alpha - (2n+1)^2\sinh^2\alpha} - 1 \right] \tag{4.24}$$

$$\alpha = \cosh^{-1}(1 + \frac{D}{R}) \tag{4.25}$$

Pour des petites distances D comparées au rayon de la sphère $(D << R)$ $\lambda \approx \frac{R}{D}$, on retrouve l'équation de Taylor. En revanche, lorsque la distance est très grande (D tend vers l'infinie) $\lambda \approx 1$, l'équation de Brenner se ramène à l'équation de Stokes $F = -6\pi\eta R V_{sphere}$ (force qui agit sur une sphère en mouvement dans un fluide visqueux loin des parois).

Dans la suite nous allons examiner des situations où l'on a un glissement du liquide. Nous allons envisager deux cas de figures.

Dans le premier cas on suppose un glissement du fluide sur les deux surfaces (sphère et surface plane). La vitesse radiale doit satisfaire les conditions aux limites suivantes:

$$v_r(z = 0) = b\frac{\partial v_r(z=0)}{\partial z} \tag{4.26}$$

$$v_r(z = D + \frac{r^2}{2R}) = b\frac{\partial v_r(z = D + \frac{r^2}{2R})}{\partial z} \tag{4.27}$$

où b est la longueur de glissement du liquide sur la sphère et surface plane. On a supposé que le fluide est caractérisé par la même longueur de glissement pour les deux surfaces.

L'expression de la force est [85]:

$$F = -\frac{6\pi\eta R^2}{D}V_{sphere}f^* \tag{4.28}$$

où f^* est une fonction qui caractérise le glissement du liquide [85]:

$$f^* = \frac{D}{3b}[(1 + \frac{D}{6b})\ln(1 + \frac{6b}{D}) - 1] \qquad (4.29)$$

Notons que la force a la même forme que la force de Taylor (équation 4.22) mais corrigée du facteur f^*. Le facteur f^* est toujours inférieur ou égal à 1 quelle que soit la distance D, ce qui fait que la force qui agit sur la sphère est plus petite si le fluide glisse sur la sphère et la surface solide comparée au cas où il n'y a pas de glissement.

Dans le second cas, seule la surface plane est hydrophobe, donc le glissement se fait seulement sur la surface plane. La vitesse radiale du liquide doit satisfaire les conditions aux limites suivantes :

$$v_r(z = 0) = b\frac{\partial v_r(z = 0)}{\partial z} \qquad (4.30)$$

$$v_r(z = D + \frac{r^2}{2R}) = 0 \qquad (4.31)$$

où b est la longueur de glissement du liquide sur la surface plane.

La force qui agit sur la sphère est donnée par l'expression (4.28) dans laquelle la fonction de correction f^* qui caractérise le glissement est modifiée et vaut alors [85]:

$$f^* = \frac{1}{4}\left\{1 + \frac{6D}{4b}[(1 + \frac{D}{4b})\ln(1 + \frac{4b}{D}) - 1]\right\} \qquad (4.32)$$

Nous avons étudié expérimentalement le glissement de l'eau sur différents types de surfaces, hydrophiles (mica et verre), partiellement mouillante (graphite)[76], non mouillante (surface de verre couverte de molécules OTS) [77]et une surface superhydrophobe [80]. Les sphères que nous utilisons étant hydrophiles pour l'eau pour extraire les longueurs de glissements à partir des mesures expérimentales nous utiliserons la fonction de correction 4.32

Nous avons étudié aussi le glissement de l'air entre une sphère de verre et une surface plane en verre. Pour cette expérience nous utiliserons l'expression 4.29pour extraire la longueur de glissement de l'air sur le verre.

Nos expériences diffèrent des mesures AFM précédentes de la longueur de glissement, qui sont réalisées dans le mode statique[71, 75], où on mesure la déflection induite par la force hydrodynamique lorsque la pointe s'approche d'une surface avec une grande vitesse (de l'ordre de quelques dizaines de micromètres). Dans ce type d'expérience la distance entre la pointe et la surface est donnée par le déplacement du piezo plus la déflection du levier.

Dans nos expériences nous vibrons la pointe à très faible amplitude (moins de 1 nm) et nous mesurons l'amplitude et la phase et la déflection lorsque la pointe s'approche de la surface à faible vitesse donnant le coefficient de dissipation hydrodynamique avec une bonne précision et qui est lié à la force et à la vitesse par la relation :

$$F = -\gamma_H V_{sphere} \qquad (4.33)$$

$$\gamma_H = \frac{6\pi\eta R^2}{D} f^* \qquad (4.34)$$

La force hydrodynamique moyenne est nulle dans notre cas sur une période (mouvement de vibration) et la distance entre la pointe et la surface est donnée directement par le déplacement imposé par piezo.

4.3   Glissement de l'eau sur une surface de graphite

Lorsque nous avons commencé à travailler sur le glissement nous nous sommes orientés vers le choix des surfaces les plus lisses possible pour éliminer la contribution de la rugosité de la surface. Pour cela nous avons choisi la surface de graphite comme surface partiellement hydrophobe et nous avons choisi de travailler avec une surface de mica comme surface hydrophile [76]. Ces deux surfaces sont lisses à l'échelle atomique et elles ne nécessitent pas de nettoyage puisqu'il suffit de les cliver pour avoir une surface très propre; de plus, ces surfaces ne se dégradent pas au cours des mesures d'approche-retrait. Dans cette expérience nous avons utilisé des leviers (Team Nanotec GmbH Germany) : le levier a une raideur K=0.7 N/m et une pointe sphérique de rayon de courbure de 0.7 μm. La résonance du levier dans l'eau vaut 20.2 kHz et le facteur de qualité Q=3.6. Les données sont obtenues en mesurant l'amplitude et la phase du levier en fonction de la distance pointe-surface du substrat. La vitesse d'approche des deux surfaces est de l'ordre de 50 nm/s.

La figure 4.3 montre la phase et l'amplitude du levier en fonction de la distance pointe-surface pour le mica et le graphite. Le signal de déflection du levier nous permet de déterminer la position de contact entre les deux surfaces avec une résolution meilleure qu'1 nm. Notons que l'amplitude du levier (figure 4.3 B) en fonction de la distance, est toujours supérieure pour le graphite par rapport à la surface de mica suggérant ainsi une dissipation plus faible pour l'écoulement sur le graphite.

A partir des mesures de l'amplitude et de la phase, on en déduit la dissipation normalisée par la dissipation bulk $1 + \frac{\gamma_H}{\gamma_0}$ en fonction de la distance [76].

La figure 4.4 montre la dissipation du levier normalisé par la dissipation bulk en fonction

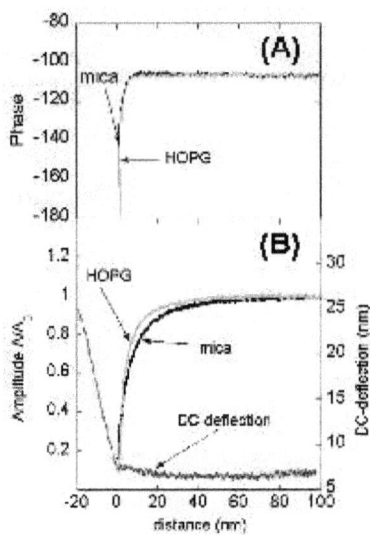

Figure 4.3: (A) La phase du levier en fonction de la distance pointe-surface pour le mica et le graphite. (B) L'amplitude du levier en fonction de la distance.

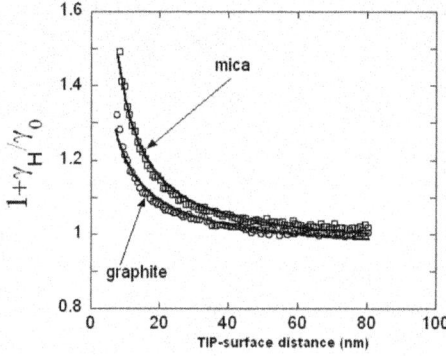

Figure 4.4: La dissipation du levier normalisé par la dissipation bulk en fonction de la distance. Les traits continus correspondent au fit. Le fit des ces deux courbes donne une longueur de glissement sur le graphite de l'ordre de $8 \mp 2nm$.

de la distance. Les traits continues correspondent à l'ajustement en utilisant l'expression :

$$1 + \frac{6\pi\eta R^2}{\gamma_0 D} f^*(D) \tag{4.35}$$

où R est le rayon de courbure de la pointe, D la distance pointe-surface , γ_0 est la dissipation bulk et $f^*(D)$ est la fonction de glissement :

$$f^* = \frac{1}{4}\left\{ 1 + \frac{6D}{4b}[(1 + \frac{D}{4b})\ln(1 + \frac{4b}{D}) - 1]\right\} \tag{4.36}$$

L'ajustement du signal de la dissipation du levier donne une longueur de glissement sur le graphite de l'ordre de $8 \mp 2nm$ [76].

4.4   Etude du glissement de l'eau sur une surface OTS

Dans cette expérience nous avons collé une sphère de verre de diamètre 14 μm sur un levier. Le substrat est constitué soit d'une surface de verre nue, soit d'une surface de verre recouverte de molécules octadecyl-trichlorosilane (OTS) avec un angle de contact de mouillage l'ordre de 90° [77]. Le levier est excité à résonance (23.1 kHz) à une amplitude de 2 nm. Le facteur de qualité est de 4.2. A partir des mesures de l'amplitude, en fonction de la distance, on peut déduire la variation de la dissipation en fonction de la distance.

33

Notons que pour des distances D grandes comparées à la longueur de glissement b :

$$f^* = \frac{1}{4}\left\{1 + \frac{6D}{4b}[(1 + \frac{D}{4b})\ln(1 + \frac{4b}{D}) - 1]\right\} \approx 1 - \frac{b}{D} \approx \frac{1}{1 + \frac{b}{D}}$$

donc $\frac{\gamma_H}{\gamma_0} = \frac{6\pi\eta R^2}{\gamma_0 D} f^*(D) \approx \frac{6\pi\eta R^2}{\gamma_0(D+b)}$ ce qui donne:

$$\frac{\gamma_0}{\gamma_H} = \frac{\gamma_0}{6\pi\eta R^2}(D + b) \tag{4.37}$$

Remarquons que l'expression précédente montre que l'inverse de la dissipation est une droite et le glissement apparaît comme une translation de cette droite selon l'axe des abscisses.

La figure 4.5 montre l'inverse de la dissipation du levier en fonction de la distance entre la sphère et la surface du substrat (verre ou verre couverte d'OTS). La vitesse d'approche des deux surfaces est de 0.2 $\mu m/s$ (la force hydrodynamique due à cette vitesse d'approche est négligeable).

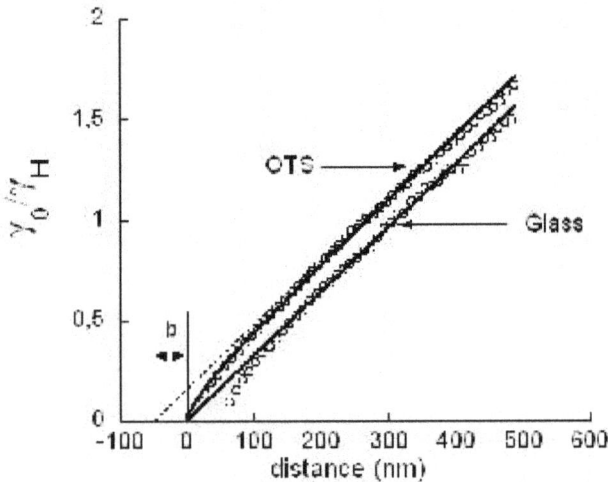

Figure 4.5: Inverse de la dissipation extraite des données de l'amplitude en fonction de la distance. Les traits continus sont des fits des données expérimentales et la ligne discontinue est l'extrapolation linéaire des données et qui intercepte l'axe des ordonnées à $D = -50nm$.

Pour la sphere colée au levier ainsi que surface de verre nous avons utilisé une condition de non glissement (surface hydrophile), et pour la surface couverte d'OTS nous avons supposé un glissement avec une valeur b à déterminer.

La valeur de la longueur de glissement est de l'ordre de $b = 50nm$. Sur ce même échantillon nous avons évalué le glissement en mesurant le profil de vitesse de l'eau proche de la surface en utilisant le suivi de particules fluorescentes[77]. Les deux valeurs sont en bon accord.

4.5 Mesure de la force de traînée sur des surfaces micro-structurées.

En utilisant des techniques nouvellement développées, il est actuellement possible de sonder l'écoulement à l'échelle micro / nanométrique. Pour une surface hydrophobe lisse, il est maintenant admis par la communauté scientifique que la valeur du glissement du liquide est l'ordre d'une dizaine de nanomètres. Sur des surfaces micro-structurées super-hydrophobes, des longueurs de glissement très importantes ont été mesurées [87, 88, 89, 90, 91] . Les poches de gaz piégées sur les surfaces micro-structurées sont la cause principale des valeurs élevées des longueurs de glissement. Le glissement est d'autant plus important que la fraction de la surface remplie de gaz devienne plus grande par rapport à la surface solide [92, 93, 94]. Un glissement important implique une faible force de trainée hydrodynamique.. Par conséquent, créer des surfaces qui augmentent la longueur de glissement devient un enjeu majeur pour les dispositifs micro / nano-fluidique.

Dans nos expériences, nous avons utilisé la microscopie à force atomique à sonde colloïdale pour mesurer la force de traînée hydrodynamique sur deux types de surfaces micro-structurées. Ces deux surfaces sont fabriquées à partir d'un wafer silicium et elles sont constituées de plots de 5 μm de diamètre espacés de 7 μm [95].La hauteur des plots est de 15 μm.

La surface de silicium microstructurée est recouverte d'une couche de tetrahydroperfluorodecyltrichlorosilane (PF3) qui la rend hydrophobe . Les mesures optiques montrent qu'une goutte d'eau forme un angle de contact de 137 ° sur cette surface. Sur une partie de cette surface l'angle de contact est réduit par application d'une tension de 20 V entre le liquide et le substrat (processus irréversible d'électromouillage). Ce processus induit une transition irréversible de l'état Cassie où on a formation de poches d'air entre les plots à l'état Wenzel où l'eau pénètre entre les plots, et l'angle de contact mesuré sur cette dernière surface est de 117 °. En utilisant ce procédé, l'échantillon créé est divisé en deux types de surfaces, sur la première surface le liquide forme un état Cassie, et sur la seconde le liquide forme un état Wenzel. Un tel échantillon présente l'avantage de permettre la comutation, lors de l'expérience, de l'interface Cassie à l'interface Wenzel avec une simple translation horizontale de l'échantillon.

Nous avons imagé ces deux surfaces dans l'eau en utilisant un AFM en mode tapping avec un levier standard ayant une pointe de 10 nm de rayon de courbure. La figure 4.6 montre les images obtenues ainsi que des sections horizontales sur les deux images [95]. Nous avons trouvé que l'eau pénètre entre les plots de la surface de type Wentzel. En revanche l'image de la surface type Cassie, montre que l'eau ne pénètre pas entre les plots, ce qui conduit à un piégeage de poches de gaz entre le liquide et le solide.

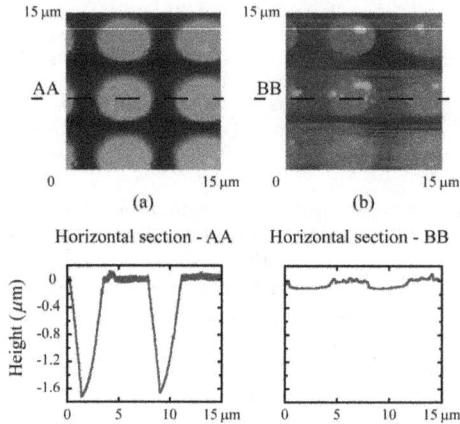

Figure 4.6: Images AFM des surfaces nanostructurées dans l'eau (A) surface type Wenzel , (B) surface type Cassie (présence de bulle d'air entre les plots). (C) et (D) sections horizontales sur les images. Notons ici que la hauteur mesurée dans le cas Wenzel n'est pas égale à 15 μm à cause de la hauteur de la pointe du levier (hpointe=2 μm).

Pour mesurer la force de traînée nous avons collé une sphère de Borosilicate de diamètre de 52.5 μm sur un levier souple, de raideur de 0.2 N/m. l'éxperience consiste à mesurer sur chacune de ces deux surfaces la force hydrodynamique qui s'applique sur la sphère lorsque cette dernière s'approche du substrat avec une vitesse constante. D'abord on centre la sphère sur le centre d'un des plots de la surface et ensuite on effectue la mesure de la force hydrodynamique en fonction de la distance entre la sphère et la surface du plot. Sur chaque surface, la mesure est effectuée sur plusieurs plots pour s'affranchir des problèmes d'inhomogénéités et de rugosités de la surface des plots. Nous avons fait varier la vitesse d'approche de 35 μm /s à 140 μm/s. Sur chacune des deux surfaces, la force mesurée varie linéairement avec la vitesse. En revanche pour une vitesse donnée la force hydrodynamique est plus faible sur la surface type Wenzel que sur la surface type Cassie (figure 4.7). Cette observation peut paraître étrange du fait que l'on s'attend à un fort glissement du liquide sur les bulles d'air présentes sur la surface de cassie et donc une réduction de la force de traînée. En fait le glissement sur la surface de Cassie est moins important car le ménisque du liquide est courbé ce qui modifie les lignes de champ de l'écoulement et donc induit une augmentation de la friction au lieu de la réduire. ces résultats sont en accord avec des récentes études [96, 98, 97] qui ont montré que la force de trainée est plus importante dans le cas de Cassie que dans le cas de Wenzel du fait que l'interface liquide-air n'est pas plate.

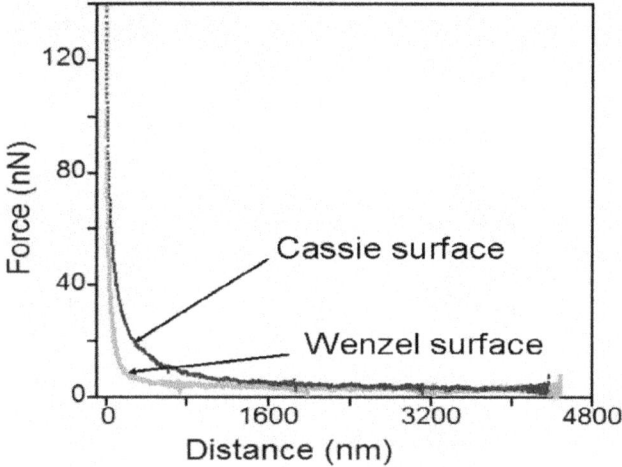

Figure 4.7: Mesure de la force de traînée sur deux types de surfaces nanostructurées. La force est plus grande sur la surface superhydrophobe que sur la surface hydrophile.

Pour comprendre l'influence du ménisque sur l'écoulement du liquide proche de la paroi nous avons effectué des mesures locales de la force hydrodynamique en différentes positions sur la surface superhydrophobe de type Cassie. En particulier nous avons effectué des mesures dans le cas où la sphère est centrée sur un plot et aussi dans le cas où elle est centrée au milieu de quatre plots. Pour mieux visualiser le glissement du liquide à la paroi dans ces deux cas, nous avons présenté les données sous forme de l'inverse de la force hydrodynamique:

$$\frac{V}{F_h} = \frac{D + b_{eff}}{6\pi\eta R^2} \tag{4.38a}$$

Ou D est la distance, R est le rayon de la sphère, V est la vitesse de d'approche et b_{eff} est la longueur de glissement du liquide. Le glissement b_{eff} apparaît comme une simple translation des courbes de données sur l'axe de la distance. Les mesures exprérimentales sont présentées sur la figure 4.8

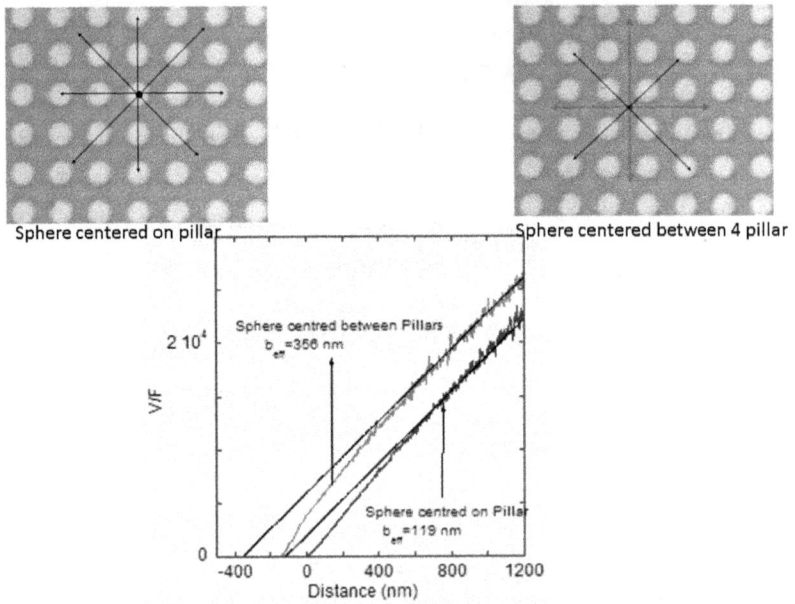

Figure 4.8: La vitesse divisée par la force hydrodynamique en fonction de la distance. Les lignes continues sont des extrapolations linéaires des données. En haut de la figure nous avons représenté les lignes de l'écoulement lorsque la sphère est centrée sur un plot et lorsqu'elle est centrée entre quatre plots [95].

Nos mesures nous ont permis d'extraire la valeur de la longueur de glissement local sur cette surface superhydrophobe de type Cassie avec une bonne précision. Ces résultats montrent que le glissement est plus important si la sphère est centrée entre quatre plots que si elle est centrée sur un plot. Comme le montrent les lignes de l'écoulement de la figure 4.8, l'écoulement du liquide se fait plus facilement si la sphère est centrée entre les plots que si elle est centrée sur un plot car dans ce dernier cas, les lignes de l'écoulement rencontrent nécessairement un plot (courbure du ménisque). Cette expérience montre l'importance du ménisque dans l'écoulement d'un liquide proche de l'interface.

4.6 Mesure de l'écoulement de l'air entre deux surfaces de verre

L'écoulement d'un gaz proche d'une surface solide à été étudié en détail durant le siècle dernier [99, 111]. En raison des avancées récentes dans les systèmes micro/nanoélectromecaniques (MEMS/NEMS) et (micro/nanofluidiques) et dans les systèmes de stockage informatiques (disques durs), l'espace disponible pour le gaz est réduit et les lois gouvernant l'écoulement à cette échelle doivent être comprises. L'existence du glissement a été d'abord prédit par Maxwell pour l'écoulement du gaz. Le rôle du glissement dans l'écoulement d'un gaz est important pour les films ultrafins, surtout quand le gaz est confiné. La vitesse de glissement v_s d'un gaz est donnée par la condition de glissement de Maxwell pour un mur isotherme[99]:

$$v_s = b\frac{\partial v_r(z=0)}{\partial z} = \frac{2-\sigma}{\sigma}\lambda\frac{\partial v(z=0)}{\partial z} \tag{4.39}$$

où b est la longueur de glissement et σ est le coefficient d'accommodation qui est une mesure de la fraction des molécules du gaz qui sont réfléchis de façon diffusive par la surface solide et λ est le libre parcours moyen des molécules du gaz.

Nous avons collé une bille de verre de diamètre 34 μm sur un levier et nous avons utilisé une surface de verre comme substat.

La figure 4.9 montre l'amplitude et la phase du levier très loins de la surface $(2000\mu m)$ et à une distance $3\mu m$[111]. Lorsque la surface s'approche de la sphère la fréquence de résonance reste inchangée, et seules l'amplitude et la phase varient. Pour mesurer l'interaction due au confinement de l'air, au lieu de mesurer le spectre en amplitude et phase pour différentes distances, nous utilisons le mode modulation d'amplitude. Comme dans les expériences décrites précédemment nous excitons le levier à résonance à très faible amplitude (de l'ordre du nm) et nous mesurons l'amplitude et la phase du levier en fonction de la distance entre la sphère et la surface de verre. A partir des signaux d'amplitude et de phase nous déduisons la dissipation et la raideur d'interaction en fonction de l'épaisseur du gaz confiné (voir figure 4.10).

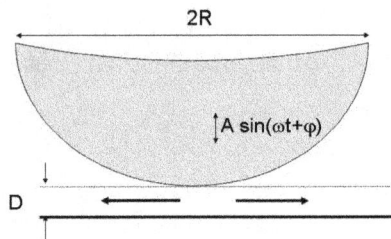

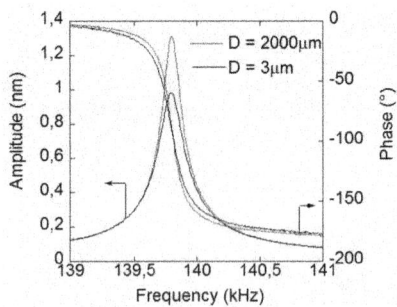

Figure 4.9: Amplitude et phase du levier pour deux différentes distance D entre la sphère et la surface de verre.

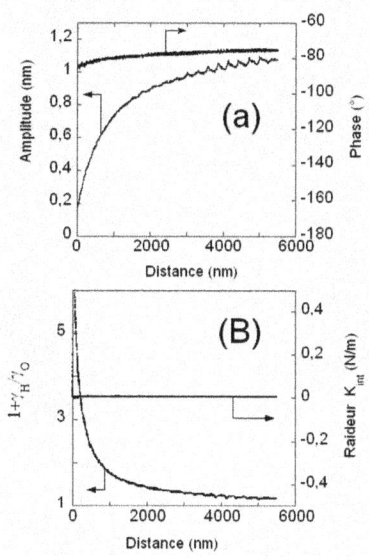

Figure 4.10: **(A)** Amplitude et de phase en fonction de la distance. **(B)** Dissipation hydro-dynamique normalisée $1 + \frac{\gamma_H}{\gamma_0}$ et raideur d'interaction K_{int} en fonction de l'épaisseur du gaz confiné.

La dissipation hydrodynamique augmente lorsque la sphère s'approche de la surface, en revanche la raideur reste inchangée et elle vaut zéro. Ceci nous permet d'en déduire que les effets de compression du gaz sont négligeables dans notre expérience et que l'interaction est purement dissipative.

La figure 4.11 montre l'inverse de la dissipation hydrodynamique en fonction de la distance. Pour ajuster les données nous avons utilisé la formule de Taylor qui suppose un glissement de l'air sur les deux surfaces de verres $\frac{\gamma_0}{\gamma_H} = \frac{\gamma_0}{6\pi\eta R^2} f^*$ avec $f^* = \frac{D}{3b}[(1+\frac{D}{6b})\ln(1+\frac{6b}{D})-1]$. Le fit nous donne un glissement $b = 118nm$. Notons que l'extrapolation linéaire des données expérimentales est une droite qui ne passe pas par l'origine et qui intercepte l'axe des abscisses à une distance $D = -2b = -236nm$.

Pour l'air à température ambiante et à pression atmosphérique, le libre parcours moyen $\lambda = 67nm$ ce qui donne pour la longueur de glissement mesurée un coefficient d'accommodation σ=0.7 en utilisant l'équation4.39. Différentes expériences ont reporté des mesures du coefficient d'accomodation dont les valeurs se situent entre $0.5-1$ pour différents gaz sur différentes surfaces[106, 108]. La pluspart des expériences sont basées sur la mesure du débit massique dans des microcanaux. Pour un microcanal donné, l'écart "gap" est fixé et le paramètre que l'on fait varier est la différence de pression entre l'entrée et la sortie du microcanal [106, 108]. Ici dans notre expérience.[111] le gap est varié de façon continue entre 0 à 2000 nm ce qui correspond à un nombre de Knudsen allant de 0.01 à 10. Pour finir, notons que l'expression de Taylor combinée avec la fonction de glissement decrit bien nos données expérimentales bien que les deux expressions soient calculées à partir de l'équation de Navier-Stokes qui suppose un milieu continu.

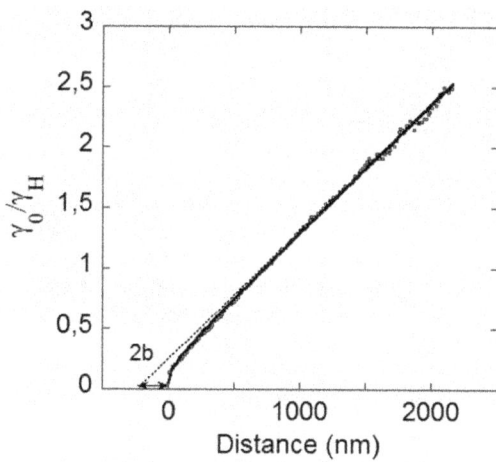

Figure 4.11: L'inverse de la dissipation hydrodynamique en fonction de la distance. La ligne continue est une courbe d'ajustement en utilisant la formule de vinogradova et la ligne discontinue est une extrapolation lineaire des données proche de la valeur zéro.

Chapitre 5

Conclusion

Nous avons étudié dans ce manuscrit un microscope de force atomique en milieu liquide et son application à l'étude de la rhéologie d'un liquide newtonien (liquide simple). Nous avons commencé par étudier le mouvement du levier du microscope de force atomique en milieu liquide. Nous avons vu que la forte viscosité de l'eau par rapport à celle de l'air fait que la force hydrodynamique visqueuse qui s'oppose au mouvement du levier induit une dissipation plus importante dans l'eau que dans l'air et donc une résonance plus large. Le déplacement de la résonance est dû à la masse ajoutée du liquide qui se déplace en phase avec les oscillations du levier. Un amortissement supplémentaire apparaît lorsque le levier s'approche de la surface. Il est dû au pincement du liquide entre le levier et la surface de l'échantillon. De ce pincement, résulte une force qui s'oppose au mouvement du levier et produit un élargissement supplémentaire de la résonance du levier.

Nous avons montré que l'AFM ne permet pas seulement de mesurer l'interaction entre la pointe et le substrat mais il permet aussi de mesurer les propriétés du milieu qui se trouve confiné entre eux. Si le milieu est un fluide, ces propriétés rhéologiques peuvent être étudiées sur des échelles allant du nanomètre jusqu'à plusieurs micromètres en faisant varier l'écart entre la pointe et le substrat.

Nous avons d'abord étudié les propriétés de structuration en couche d'un liquide simple confiné entre une pointe AFM oscillante et une surface de graphite. Les signaux d'amplitude et de phase mesurés présentent des oscillations dont la période n'est autre que le diamètre de la molécule du liquide confiné. Nos mesures permettent d'accéder aux interactions conservatives et dissipatives. Nous montrons, pour la 1ère fois, que l'énergie dissipée présente également une structuration, indiquant par la même que nous accédons aux variations des propriétés rhéologiques du liquide en fonction de son organisation.

Nous avons ensuite étudié le glissement de l'eau et de l'air sur des surfaces solides. Les mesures expérimentales de glissement de l'eau ont été effectuées sur différentes surfaces, mouillantes, partiellement mouillantes, complètement non mouillantes et superhydrophobes. Pour l'air les mesures ont été effectuées entre deux surfaces de verre. Notre méthode de mesure montre que nous sommes capable de mesurer des longueurs de glissement aussi faibles que 8 nm.

Remerciements: Une partie de ce manuscrit est une synthèse de mes travaux de recherches effectués au CPMOH. Je tiens à remercier Jean-Pierre Aimé pour l'aide et le soutien qu'il m'a accordé pour me lancer dans l'AFM dynamique en milieu liquide. Je tiens aussi à remercier Bharat Bhushan, Elisabeth Charlaix, Touria Cohen-Bouhacina , Rodolphe Boisgard, G. Couturier , H. Kellay, C. Hurth et C. Jai pour leurs participations aux différentes expériences présentées dans ce manuscrit. Je remercie aussi Christian FRETIGNY pour les différentes discussions que nous avons eu ensembles et qui m'ont inspirées des pistes de recherches.

Bibliographie

[1] G. Binnig, C.F. Quate, Ch. Gerber, Phys. Rev. Lett. 56, 930, (1986).

[2] Y. Martin, C. C. Williams, and H. K. Wickramasinghe, J. Appl. Phys. 61, 4723 (1987).

[3] F. Ohnesorge, G. Binnig, Science, 260 , 1451 (1993).

[4] J. F. Giessibl, Science, 267, 68 (1995).

[5] F.A. Schabert, C. Henn, A. Engel, Science, 268, 92 (1995).

[6] B. Bhushan, Springer Handbook of Nanotechnology, second ed. (Springer, Heidelberg, Germany, 2007)

[7] B. Cappella, G. Dietler, Surf. Sci.Rep, 34, 1 (1999).

[8] H-J. Butt, B. Cappella, M. Kappl, Surf. Sci. Rep. 59, 1 (2005).

[9] R.Garcia, P.Perez. Surf. Sci. Rep. 47, 197 (2002)

[10] A. Maali, C. Hurth, R. Boisgard, C. Jai, T. Cohen-Bouhacina, and J. P. Aimé, J. Appl. Phys. 97, 074907(2005)

[11] J. W. M. Chon, P. Mulvaney, and J. E. Sader, J. Appl. Phys. 87, 526 (2000).

[12] O.I. Vinogradova, H.J. Butt, G. E. Yakubov, F. Feuillebois, Rev. Sci. Instrum., 72, 2330 (2001).

[13] O.I. Vinogradova and G. E. Yakubov, Langmuir 19, 1227,(2003).

[14] C.Rankl,V. Pastushenko, F. Kienberger, C.M. Stroh and P. Hinterdorfer, Ultramicroscopy, 100, 301, (2004).

[15] T. Naik, E.K. Longmire, S.C.Mantell, Sensors and Actuators A 102, 240 (2003).

[16] F. Benmouna and D. Johannsmann, Eur. Phys. J. E. 9, 435 (2002).

[17] A. Maali, T. Cohen-Bouhacina , C. Jai, , C. Hurth, R. Boisgard, J. P. Aimé, D. Mariolle, and F. Bertin, J. Appl. Phys. 99, 024908(2006)

[18] C.A.J. Putman, K. O. Vanderwerf, B. G. De Grooth, N.F. Vanhulst, J. Greve, Appl. Phys. Lett. 64 , 2454 (1994).

[19] P.K. Hansma, J. P. Cleveland, M. Radmacher, D.A. Walters, P.E. Hillner, M. Bezanilla, M. Fritz, D. Vie, H. G. Hansma, C. B. Prater, J. Massie, L. Fukunaga, J. Gurley, and V. Elling, Appl. Phys. Lett. 64, 1738 (1994).

[20] T.E.Shâffer, J.P.Cleveland, F.Ohnesorge, D.A.walters, and P.K.Hansma, J.Appl.Phys. 80, 3622(1996)

[21] E. L. Florin, M. Radmacher, B. Fleck, and H. E. Gaub, Rev. Sci. Instr. 65, 639 (1994)

[22] W. Han, S. M. Lindsay, and T. Jing, Appl. Phys. Lett. 69, 4111 (1996)

[23] I. Revenko and R.Proksch, J.Appl.Phys. 87, 526 (2000).

[24] A. Maali, C.Hurth, T. Cohen-Bouhacina, G.Couturier, J.P.Aimé. Appl. Phys. Lett. 88,163504 (2006).

[25] C. Jai, T. Cohen-Bouhacina, A. Maali, Appl. Phys. Lett. 90,113512 (2007)

[26] B. Bhushan, J. N. Israelachvili and U. Landman, Nature 374, 607 (1995)

[27] B. N. J. Persson, Sliding Friction: Physical Principles and Applications, 2nd ed. (Springer, Heidelberg, Germany, 2000).

[28] T. Becker and F. Mugele, Phys. Rev. Lett. 91, 166104 (2003)

[29] J. Israelachvili and H. Wennerström, Nature 379, 219 (1996)

[30] R. G. Horn and J. Israelachvili, J. Chem. Phys. 75, 1400 (1981)

[31] M. L. Gee, P. M. McGuiggan, and J. N. Israelachvili, J. Chem. Phys. 93, 1895 (1990)

[32] S. Granick, Science 253, 1374 (1991)

[33] J. Israelachvili, Intermolecular and Surfaces Forces, Academic, London, (1992)

[34] J. Klein and E. Kumacheva, J. Chem. Phys. 108, 6996 (1998)

[35] E. Kumacheva and J. Klein, J. Chem. Phys. 108, 7010 (1998)

[36] E. Kumacheva and J. Klein, Science 269, 816 (1995)

[37] A. L. Demirel and S. Granick, Phys. Rev. Lett. 77, 2261 (1996)

[38] J. Gao, W. D. Luedtkem and U. Landman, Phys. Rev. Lett. 79, 705 (1997)

[39] M. Heuberger, M. Zäch, N. D. Spencer, Science 292, 905 (2001)

[40] S. J. O'Shea, W. E. Welland, Appl. Phys. Lett. 60 2356(1992)

[41] V. Frank and H-J. Butt, J. Phys. Chem. B. 106, 1703(2002)

[42] R. Atkin and G.G. Warr, J. Phys. Chem. C. 111,5162 (2007)

[43] S. J. O'Shea, W. E. Welland, and J. B. Pethica, Chem. Phys. Lett. 223, 336 (1994)

[44] W. Han and S. M. Lindsay, Appl. Phys. Lett. 72, 1656 (1998)

[45] M. Antognozzi, A.D. L. Humphris, and M. J. Milles, Appl. Phys. Lett. 78, 300 (2001)

[46] R. Lim, S. F. Y. Li, and S. J. O'Shea, Langmuir 18, 6116 (2002)

[47] R. Lim and S. J. O'Shea, Phys. Rev. Lett. 88, 246101 (2002)

[48] R. Y. H. Lim and S. J. O'Shea, Langmuir 20, 4916 (2004)

[49] Jeffery, P. Hoffmann, J. Pethica, C. Ramanujan, H. Özer, and A. Oral, Phy. Rev. B 70, 054114 (2004).

[50] T. Uchihashi, M. J. Higgins, S. Yasuda, S. Jarvis, S. Akita, Y. Nakayama, and J. E. Sader, Appl. Phys. Lett, 85, 3575 (2004)

[51] J. E. Sader and S. P. Jarvis, Appl. Phys. Lett. 84, 1801 (2004)

[52] [57.] T.Uschihashi, M. Higgins, Y. Nakayama, J. E. Sader, S. P. Jarvis, Nanotechnology, 16, S49 (2005)

[53] A. Maali, T. Cohen-Bouchiacina, G. Couturier, and J. P. Aime, Phys. Rev. Lett. 96, 086105 (2006)

[54] T. D. Li, J. Gao, R. szoszkiewicz, U. Landman, and E. Riedo, Phys. Rev. B, 75, 115415 (2007)

[55] E. Lauga, M. P. Brenner, and H. A. Stone, Handbook of Experimental Fluid Dynamics, Springer, New-York (2005).

[56] C. Neto, D. R. Evans, E. Bonaccurso, H. -J.Butt, and V. S. J. Carig, Rep. Prog. Phys. 68, 2859 (2005)

[57] P. G. de Gennes, Langmuir, 18, 3413 (2002)

[58] E. Bonaccurso, M. Kappl, H-J. Butt, Curr. Opin. Colloid. Interface. Sci 13,107 (2007)

[59] A. Maali, B. Bhushan, J.Phys.Condes. Matter20, 315201 (2008).

[60] J-L.Barrat and L. Bocquet, Phys. Rev. Lett, 82, 4671 (1999)

[61] Y. Zhu and S. Granick, Phys. Rev. Lett. 87, 096105 (2001)

[62] Y. Zhu and S. Granick, Phys. Rev. Lett. 88, 106102 (2002)

[63] C. Cottin-Bizonne, B. Cross, A. Steinberger, E. Charlaix, Phys. Rev. Lett, 94, 056102 (2005)

[64] D. C. Tretheway, C.D. Meinhart, Phys. Fluids, 14, L9 (2002)

[65] L. Léger, J. Phys.: Condens. Matter, 15, S19 (2003)

[66] J. S. Ellis, G.L. Hayward, J. Appl. Phys, 94, 7856 (2003)

[67] S. Granick, Y. Zhu and H.Lee, Nat. Matter. 2, 221 (2003)

[68] T. Schmatko, H. Hervet and L. Leger, Phys. Rev. Lett. 94, 244501 (2005)

[69] L. Joly, C. Ybert, and L. Bocquet, Phys. Rev. Lett. 96, 046101 (2006)

[70] P. Joseph and P. Tabeling, Phys. Rev. E 71, 035303R (2005)

[71] V. S. J. Craig, C. Neto, and D. R. M. Williams, Phys. Rev. Lett. 87, 054504 (2001)

[72] E. Bonaccurso, M. Kappl, and H.-J. Butt, Phys. Rev. Lett. 88, 076103 (2002)

[73] V. Frank and H-J. Butt, J. Phys. Chem. B. 106, 1703(2002)

[74] G.Sun, E. Bonaccurso, V. Franz, H-J. Butt, J. Chem. Phys. 117, 10311 (2002)

[75] E. Bonacoccurso, H.-J. Butt, and V.S.J. Carig Phys. Rev. Lett. 90, 144501 (2003)

[76] A. Maali, T. Cohen-Bouhacina, H. Kellay, Appl. Phys. Lett 92, 053101(2008).

[77] D. Lasne,A. Maali, Y. Amarouchene, L. Cognet, B. Lounis, H. Kellay . Phys. Rev. Lett. 100, 214502(2008).

[78] C. L . Henry, C. Neto, D.R.Evans, S. Biggs, V.S.J.Craig, Physica A.339, 60 (2004)

[79] C. D. F. Honig, W. A. Ducker, Phys. Rev. Lett. 98, 028305 (2007)

[80] B. Bhushan, Y. Wang, A. Maali, Langmuir 25,8117 (2008).

[81] G. K. Batchelor, An introduction to fluid dynamics (Cambridge, Cambridge University Press) 1970.

[82] L. Landau and F. Lifshitz, Fluid Mechanics, Theoretical Physics, Vol. No.6 (Mir, Moscow) 1971.

[83] R.G.Horn, O. I. Vinogradova, M. E. Mackay and n . Phan-Thien, J. Chem. Phys. 112, 6424 (2000).

[84] H. Brenner, Chem. Eng. Sci. 16, 242 (1961).

[85] O. I. Vinogradova, Langmuir 11, 2213 (1995).

[86] X. H. Zhang, N. Maeda and V. S. J. Craig, Langmuir, 22, 5025 (2006).

[87] J. Ou, B. Perot, and J.P. Rothstein, Phys. Fluids 16, 4635 (2004).

[88] J. Ou, and J.P. Rothstein, Phys. Fluids 17, 103606 (2005).

[89] C. Lee, C.H. Choi, and C.J. Kim, Phys. Rev. Lett. 101, 064501 (2008).

[90] P. Joseph, C. Cottin-Bizonne, J.M. Benoit, C. Ybert, C. Journet, P. Tabeling, and L. Bocquet, Phys. Rev. Lett. 97, 156104 (2006).

[91] R. Truesdell, A. Mammoli, P. Vorobieff, F. van Swol, and C. J. Brinker, Phys. Rev. Lett. 97,044504 (2006).

[92] J. Philip, Z. Angew. Math. Phys, 23, 353 (1972), J. Philip, Z. Angew. Math. Phys. 23, 960 (1972).

[93] C. Ybert, C. Barentin, C. Cottin-Bizonn, P. Joseph, and L. Bocquet, Phys. Fluids 19, 123601 (2007).

[94] A. M. J. Davis, E. Lauga, Journal of Fluid Mechanics , 661: 402-411 (2010)

[95] A. Maali, Y. Pan, B. Bhushan, and E. Charlaix. Phys. Rev. E 85, 066310 (2012)

[96] A. Steinberger, C. Cottin-Bizonne, P. Kleimann, and E. Charlaix, Nat. Mater. 6, 665 (2007).

[97] A. Steinberger, C. Cottin-Bizonne, P. Kleimann, E. Charlaix, Phys. Rev. Lett. 100,134501(2008)

[98] J. Hyvaluoma, and J. Harting, J. Phys. Rev. Lett. 100, 246001 (2008).

[99] J. C. Maxwell, Philos. Trans. Soc. London 170, 231 (1867).

[100] R.A. Millikan, Phys. Rev. 21, 217(1923)

[101] W.E. Langlois "isothermal squeezed films", Quart.Appl.Math.XX(2) ,131(1962)

[102] W.A.Gross " Gas film lubrication" John Wiley and Sons , New York (1962).

[103] D. L. Morris, L. Hannon, and A. L. Garcia, Phys. Rev. A 46, 5279 (1992)

[104] T. Veijola, H. Kuisma, J. Lahdenperä, and T. Ryhänen, Sensors and Actuators A 48, 239 (1995)

[105] G. A. Bird, Molecular gas dynamics and the direct simulation of gas flows, Oxford University Press, Oxford, (1996).

[106] E. B. Arkilic, K. E. Breuer, and M. A. Schmidt, J. Fluid. Mech. 29, 437 (2001)

[107] D. A. Lockerby, J. M. Reese, D. R. Emerson, and R. W. Barber, Phys. Rev. E 70, 017303 (2004)

[108] S. M. Cooper, B. A. Cruden, and M. Meyyapan, Nano. Lett. 4, 377 (2004)

[109] B-Y. Cao, M. Chen, and Z-Y. Guo, Appl. Phys. Lett. 86, 091905 (2005)

[110] M. Bao and H. Yang, Sensors and actuators A 136, 3 (2007)

[111] A. Maali, B. Bhushan,Phys.Rev.E 78,027302 (2008).

www.ingramcontent.com/pod-product-compliance
Lightning Source LLC
Chambersburg PA
CBHW020317220326
41598CB00017BA/1594